FLOR DE PAPA

Cómo encaminar a tus hijos a una
experiencia devocional en la oración

William Del Pilar Muñoz

FLOR DE PAPA

Cómo encaminar a tus hijos a una
experiencia devocional en la oración

William Del Pilar Muñoz

Presentado a

_____

Por

_____

Motivo

_____

Publicaciones *El Patriarca*
Editorial: *Sol de Justicia*

ISBN- 978-1721101009

LEGADO

Los legados más importantes son los que se hacen dirigidos por Dios, el padre de Jesús, esto porque impactan, pero al tiempo del Señor y no al tiempo que uno desea. Por lo tanto, cuando trabajan para el ser humano a través de Dios (papá y mamá) el resultado final será inimaginablemente poderoso.

Gracias Papi

Gracias mami quien descansa hoy con los privilegiados del Señor!

Hoy, este devocional es parte de mi legado. ♥

Gracias a mi esposa Ivette quien fue la originadora de este proyecto. Ella leía lo que yo le estaba enviando a mis hijos, en especial a mi hija. Un día me dijo "oye porque no concretizas esas reflexiones como parte de tu legado para la superación de ellos y tal vez otros que tu desconoces", entonces nació este manual de oración.

Esto me escribió "papi" cuando me dedicó un librito Cristo-céntrico, "kempis" el 15 de septiembre de 1983.

9-15-83

Willy:

Cuando te sientas triste, frustrado o desanimado, cierra los ojos y abre este Kempis en cualquier página. Es como si Dios mismo te estuviera hablando y orientando.

Recuerda siempre que esta vida... es corta; lo espiritual es eterno. ¡No te descuides! ¡El tiempo vuela! Medita sobre el orden de las prioridades... la familia debe estar en el número uno. Esa es la chispa, el combustible para seguir adelante ascendentemente. Es cuestión de uno saber llevar el timón con sabiduría, con la ayuda de Dios. El poder de la oración es maravilloso; ¡Desahógate con EL! ¡Clámale!

Te quiere.
Tu padre

Agradecimientos

Dando gracias a nuestro Dios por permitirnos vivir experiencias que nos han marcado y han provocado crecimiento y convicción de fe en Jesucristo. Gracias a Dios por los días sombríos y de desesperación, que provocaron que nacieran estos escritos. Gracias a mis hijos y nieto por ser el eje de esta inspiración.

Gracias a todos aquellos que nos han instruido en la fe y han dedicado de su tiempo para edificarnos y sostenernos en sus rodillas en tiempos de difíciles.

Agradecemos a nuestros pastores Rosa I. Pérez Fernández y Marc A. Acevedo, a nuestra Iglesia, "Iglesia Pentecosté Emanuel León de Judá", por su constante apoyo e intercesión por muchos años.

También nuestra gratitud a la Junta Editorial de este proyecto que tomó de su tiempo para leer el manuscrito y darnos palabras de apoyo y estímulo.

Gracias a mi hijo Leonardo Emmanuel Del Pilar Rosario por originar y dirigir la competencia artística-grafica del libro.

Reseña del Autor

Por este medio quiero felicitar al ingeniero William Del Pilar Muñoz por este libro que ha escrito porque creo que será de una enorme bendición a todos los que lo puedan leer. Conozco por muchos años a "Willy" como le decimos amablemente, no solamente en su carácter profesional e intelectual, pero más que nada un esposo, un padre, un tremendo siervo de Dios, que junto a su esposa ha luchado batallas a favor de la moral, la familia y los valores cristianos. Si hay alguien que yo puedo recomendar, porque lo he vivido, lo he conocido, he estado cerca de él, ha sido a William Del Pilar Muñoz; mi amigo, mi hermano en Cristo y compañero.

Yo le exhorto a todos aquellos que puedan adquirir este libro lo adquieran, le va a ser de inspiración porque es una vida que transmite el amor, la fe y el conocimiento que tanto necesitamos en esta hora que vivimos. Dios te bendiga Willy e Ivette, y que Dios los siga usando, especialmente Willy que eres una bendición y eres una bendición para el mundo entero, para la Iglesia y para todos, !Que Dios te bendiga grandemente!

Rvdo. Jorge Raschke Garcia
Evangelista Internacional
Ministro de Las Asambleas de Dios
Fundador de Ministerios Radiales y Televisivos
"Clamor a Dios" y "Día de Clamor a Dios Internacional"

Prólogo

Flor de PAPA es una respuesta de guianza, ayuda espiritual y emocional para hijos y nietos.

Flor de PAPA es una guía para aquellos hijos o hijas que desearían tener un consejo de un padre o madre, y que por razones diversas no los tienen cerca o nunca los han tenido.

FLOR DE PAPA es una conversación entre el Padre de los Padres y un hijo. Surge espontáneamente ante la necesidad de este hijo de hablarle al Padre celestial sobre sus sentimientos, sus temores, frustraciones y esperanzas. Posteriormente estas reflexiones se transfieren a su hija que necesita una palabra de apoyo, fortaleza y guianza espiritual. Al tiempo estas reflexiones se comparten a otros componentes del grupo familiar en momentos de crisis y desafíos.

Flor de PAPA es una herramienta para un padre o madre que necesite abrir las vías de comunicación con sus hijos y familiares, escrito en un lenguaje simple y honesto.

Lcda. Ivette María Montes-Lebrón
Editora General

"FLOR DE PAPA"

A ti Padre o Madre que piensas que tienes que buscar a otro para que te ayude a fortalecer los apoyos espirituales que necesitan tus hijos para vencer cualquier adversidad; te invito a que utilices estas reflexiones y testimonios para que encuentres a quién da la sabiduría y la inteligencia. Por medio de la oración conocerás más íntimamente al Creador, y podrás encaminar a tus hijas e hijos en medio de las crisis emocionales y turbaciones que causa la vida. Con la ayuda del Espíritu Santo de Dios y con el ejemplo de Jesús en la tierra, te conviertas en el "coach" escogido para tus hijos y nietos.

Instrucciones para estudiar estos escritos reflexivos.

Estas comunicaciones con el Señor son para disfrutarlas y para estimular el diálogo con Dios continuamente.

Te recomiendo que leas una reflexión por semana, cuantas veces puedas. Escoge una y concéntrate en la misma toda una semana. Léela al menos una vez al día y verás como el Señor te revelará diferentes pensamientos, conductas y actuaciones cada vez que las leas. Estos escritos son comunicaciones directas al Dios todopoderoso. Él te dará sabiduría en abundancia cuando lo busques de todo corazón.

Él te brindó esta oportunidad con este instrumento escrito que ha puesto en tus manos hoy, que de seguro te edificará, porque vino a mí directo de Dios, y es mi obligación compartirlo!

CONTENIDO

1

Los Niños de la Tierra

"El que detiene el castigo, a su hijo aborrece; mas
el que lo ama, desde temprano lo corrige."

Proverbios 13:24

Este verso bíblico nos recuerda el deber que como
adultos tenemos para con los niños acá en la tierra. A unos
les tocó este trabajo más intenso que a otros, pero al fin a
todos nos toca. Inclusive, tenemos responsabilidad con
todos los niños aunque no sean consanguíneos, porque su
fruto de vida será el que produzca lo que necesitaremos
más adelante, y Dios nos creó para eso.

MIS PENSAMIENTOS:

Escribe aquí todos los asuntos que tengas pendientes y que tienes que corregir en tus hijos, es posible que al día de hoy no te hayas atrevido a hacerlo pero hoy es el día, comienza por anotarlos y jamás se te olvidará que los dialogaras con ellos en tu carácter de Madre o Padre en el momento que Dios te lo permita.

_____

_____

_____

_____

_____

_____

_____

_____

_____

_____

_____

_____

_____

_____

_____

_____

_____

_____

_____

_____

_____

_____

_____

2

Ansiedad por Acechanzas Malignas

Oramos para que el Señor siga protegiéndonos de toda acechanza maligna. Porque a veces entramos en desespero, por tal o mas cual asunto, que aparentemente nos detiene, pero Dios nos dice: "ten fe y continúa dando todos los pasos necesarios, porque así estoy probando si eres fiel, y confías en mí".

Así que no te detengas y continúa obrando en el asunto que te perturba, con calma y echando en el Señor toda tu ansiedad. NO pares ni un momento, porque a veces Dios nos tiene que "explotar una goma" para que nos detengamos y verifiquemos el "guía" y corrijamos dirección y velocidad. Confío en Dios porque Él ha dicho que actuaría contra el enemigo de nuestras almas, quien intenta día y noche detenernos.

Lo dice la Biblia en el siguiente verso y eso es Ley de Dios.

"Porque el violento será acabado, y el escarnecedor será consumido; serán destruidos todos los que se desvelan para hacer iniquidad."

Isaías 29:20

MIS PENSAMIENTOS:

Hay un asunto que te perturba, porque es algo que está sucediendo a tu hijo o a tu hija y espera por algún proceso gubernamental o privado. Escribe aquí esos asuntos, ora a Dios sin cesar, porque el Señor resolverá aplicando la poderosa e incuestionable justicia divina.

_____

_____

_____

_____

_____

_____

_____

_____

_____

_____

_____

_____

_____

_____

_____

_____

_____

_____

_____

_____

_____

_____

_____

3

Renovación de Fuerzas y Disminución de Obstáculos

A mi primo con tumor cerebral, que fue sanado por Dios por medio de los médicos.

"Primo es Willy, seguimos orando para que El Señor saque lo que tenga q sacar, porque no va ahí adonde "está" en este momento. En adición, Dios actúa por caminos inimaginables cuando quiere proteger a un siervo detenido en el "Llano" del propósito para el cual fue creado, o para proveer un descanso adecuado que permita renovación de fuerzas y disminución obstáculos."

Como no sacamos tiempo para el descanso que requiere la mente, y el afán muchas veces nos domina, pues ocurren cosas que nos obligan a estacionar nuestro ser, siendo todo esto organizado por Dios.

¿O ignoráis que vuestro cuerpo es templo del Espíritu Santo, el cual está en vosotros, el cual tenéis de Dios, y que no sois vuestros?

2 Corintios 6:19

"Y él dijo: Mi presencia irá contigo y te daré descanso.
Éxodo 33:14

MIS PENSAMIENTOS:

_____
_____
_____
_____
_____
_____
_____
_____
_____
_____
_____
_____
_____
_____
_____
_____
_____
_____
_____
_____
_____
_____
_____
_____
_____
_____
_____
_____
_____

4

¿Por qué me Ocurre esto a mí?

El no saber la razón por la cual nos suceden cosas, es razón para dar gracias a Dios porque lo que sí debemos entender es que la revelación llegará por medio del ayuno y la oración. Muchas veces no ayunamos, porque nadie nos ha instruido cómo hacerlo, pues es aquí donde el Señor puede que utilice un hospital para simplemente darnos esa lección, porque ayunaremos por mandato de un médico.

Así que lo que recibamos y pensemos que nos detiene, démosle gracias a Dios porque indudablemente Él está en control y quiere prepararnos y pulirnos para la encomienda que nos tiene preparada, que aún no la ha entregado. Encomienda de bendición para edificar a otros.

¡Ay del que pleitea con su Hacedor! ¡El tiesto con los tiestos de la tierra! ¿Dirá el barro al que lo labra: ¿Qué haces?; o tu obra: No tiene manos?
Isaías 45:9

MIS PENSAMIENTOS:

5

Fuerza de Espíritu

"Así alumbre vuestra luz delante de los hombres,
para que vean vuestras buenas obras, y glorifiquen
a vuestro Padre que está en los cielos."
San Mateo 5:16

Hoy Señor Jesucristo te damos gracias por todo lo que pasamos y todas las oportunidades que nos das para que otros vean "nuestra fuerza de espíritu".

Gracias, por la fortaleza que produces en nosotros para que alumbremos, de tal forma que otros quieran tener tu luz, y lleguen a ti prontamente. Este es el fin de nuestra misión en la tierra, acercarlos a ti. Haz escogido para cada uno una misión diferente, en la cual cada uno tiene un rol activo, donde ya determinaste fecha y hora de la victoria, ya que cada uno de los que llegan a ti serán conductores de la manifestación de tu gloria.

MIS PENSAMIENTOS:

_____

_____

_____

_____

_____

_____

_____

_____

_____

_____

_____

_____

_____

_____

_____

_____

_____

_____

_____

_____

_____

_____

_____

_____

_____

_____

_____

6

¡En pie de lucha!

"El alma del perezoso desea, y nada alcanza; mas el alma de los diligentes será prosperada."
Proverbios 13:4

Señor, sácame del estado pasivo espiritual que no me permite ser productivo y fructífero. Yo sé que tengo un don que tú me has regalado, pero el instrumento que es necesario para llevar a cabo las funciones de ese don me pesa. No es que la masa pese, es que la inspiración que produce la fuerza ágil que me permitiría manejarlo, la tengo tirada como "funda de retazo de tela". Por eso hoy he decidido comenzar dando un pasito.

Hoy voy a identificar el propósito de la misión, y ese don hará que sea viable la misión completa, y sus impactos en las comunidades. Yo te pido que cuando me entre la vagancia, me envíes el ángel "capataz" para que suene el timbre de entrada y yo quede ¡en pie de lucha!

MIS PENSAMIENTOS:

7

¡Contigo todo se Puede!

"Hijo mío, está atento a mi sabiduría, y a mi inteligencia inclina tu oído, para que guardes consejo, y tus labios conserven la ciencia."

Proverbios 5:1-2

Oramos: "Señor lléname de tu carácter, hazme recordar tus experiencias para que yo pueda obtener más conocimiento y discernimiento de la verdad, para que pueda imitar tus buenos pensamientos y acciones, y rechazar los malos deseos y la falta de confianza en ti, que se apodera de mí por ratos.

Ayúdame a estructurar mi razonamiento, confiando en los conocimientos que nos enseñantes cuando conviviste en la tierra, para que yo pueda conocer tus leyes y los principios de tu palabra que continuarán rigiendo mi comportamiento diario. Te entrego ahora mismo mis cargas, esas que tratan de inmovilizar mi esperanza de triunfo durante esta prueba.

Declaro TU Victoria sobre todas ellas para que yo pueda ser conducto de tu representatividad y compartir a otros que "contigo todo se puede".

MIS PENSAMIENTOS:

8

Distinción entre Sabiduría y Ciencia

"El principio de la sabiduría es el temor de Jehová; Los insensatos desprecian la sabiduría y la enseñanza."

Proverbios 1:7

La Sabiduría No es inteligencia matemática, ni ciencia física. La sabiduría es un principio que rige nuestra conducta aprendida por medio de profundas reflexiones espirituales, esta nos permitirá ejecutar cualquier tarea o acción ya bien sea planificada, o no planificada como lo sería una reacción a algún disturbio emocional experimentado en tu persona, u observado en otra persona, esa situación la resolverás mediante el uso de tu carácter, tenacidad, amor y madurez que se requiera para detener y convertir un agravio en una edificación espiritual utilizando como base los mandamientos dados por Dios. Aquí cabe la pregunta a nuestro asesor y abogado Jesucristo. ¿Cómo Jesús resolvería esta situación que me hierve la sangre?

Ciencia, según la real academia española, es el conjunto de conocimientos obtenidos mediante la observación y el razonamiento, sistemáticamente estructurados y de los que se deducen principios y leyes generales.
http://dle.rae.es/?id=9AwuYaT

MIS PENSAMIENTOS:

_____

_____

_____

_____

_____

_____

_____

_____

_____

_____

_____

_____

_____

_____

_____

_____

_____

_____

_____

_____

_____

_____

_____

_____

_____

_____

9

Control y Des-control

"Sométase toda persona a las autoridades superiores; porque no hay autoridad sino de parte de Dios, y las que hay, por Dios han sido establecidas. Porque los magistrados no están para infundir temor al que hace el bien, sino al malo. ¿Quieres, pues, no temer la autoridad? Haz lo bueno, y tendrás alabanza de ella; por lo cual es necesario estarle sujetos, no solamente por razón del castigo, sino también por causa de la conciencia."

Romanos 13:1, 3, 5

Oramos Señor para que nuestra conciencia sea siempre controlada por nuestra mente fundamentada en el Espíritu Santo que mora en nosotros, de manera que tu autoridad sea nuestra guía en el día de hoy y todos los días que nos restan por vivir. Por eso Señor te presento hoy todos los asuntos que yo creo que me tienen en descontrol, pero que tú tienes en control, porque con mi FE puesta en ti mi Dios, que eres la máxima autoridad de todas las autoridades, sé que recibiré tu favor y tu gracia. Por eso te alabo cada día más.

Declaro en el nombre de Jesús que hoy se acabó el miedo por este asunto que me intenta desestabilizarme. Sé que vas al frente abriendo caminos que ahora desconozco y abriendo puertas que nadie podrá cerrar, y sé que después entenderé."

MIS PENSAMIENTOS:

_____

_____

_____

_____

_____

_____

_____

_____

_____

_____

_____

_____

_____

_____

_____

_____

_____

_____

_____

_____

_____

_____

_____

_____

_____

_____

_____

_____

_____

10

En el Cautiverio..."Causas fuera de mi Control"

"Porque yo sé los pensamientos que tengo acerca de vosotros, dice Jehová, pensamientos de paz, y no de mal, para daros el fin que esperáis."

Jeremías 29:11

Oramos: "Señor aleja de mí cualquier pensamiento que me coloque en una especie de cautiverio, ya bien sea por una situación personal de convivencia o de enfermedad o de trabajo, o por una situación de país donde todas han ocurrido por causas fuera de mi total control o por inocencia, o por causas desconocidas o situaciones que desencadenaron inesperadamente.

Así lo reconozco hoy, porque tú lo sabes todo, en ti pongo mi alma y mente para que dirijas mi inteligencia por el camino que tienes, para que tu propósito se cumpla en mí, que será testimonio de conversión para otros que ponen en duda tu omnipresencia, omnisciencia, y omnipotencia la cual se manifestará a través de mí, sólo para tu gloria; entonces disfrutaré de lo que he esperado de ti con mucha fe.

MIS PENSAMIENTOS:

Haz un listado de todas las cosas que te tienen preso(a), escribe también ¿porque tú crees que te tienen en cautiverio? ¿Acaso puede más la atracción del momento que el futuro brillante lleno de paz?

_____

_____

_____

_____

_____

_____

_____

_____

_____

_____

_____

_____

_____

_____

_____

_____

_____

_____

_____

_____

_____

_____

_____

11

"Metiendo Pecho"

"…Y llamando a la gente y a sus discípulos, les dijo: si alguno quiere venir en pos de mí, nléguese a sí mismo, y tome su cruz, y sígame. Porque todo el que quiera salvar su vida, la perderá; y todo el que pierda su vida por causa de mí y del evangelio, la salvará."

San Marcos 8:2, 8, 34-35

Oremos: "Señor hoy te pido que me des fuerza para enfrentar y *'meterle el pecho'* a todas las situaciones que tengo hoy, entrevistas, inspecciones, interrogatorios, exámenes, gestiones financieras, debilidad, enfermedad, apoyo y cuido de mis hijos, de mis padres y de familiares. Sácame del pensamiento y de mi alma, el posponer los asuntos (procastinación), ayúdame a confiar en ti.

Hoy declaro, en el nombre de Jesús, que sometiendo mi espíritu y mi alma a tu voluntad, te seguiré y no me soltarás. Porque tú lo has dicho claramente cuando estuviste en la tierra como hombre, que si nos aferramos a resolver todo por nuestra propia fuerza el resultado no será compensado, ahora si dejamos que tú hagas la fuerza, y yo sólo sigo los procesos tranquilamente, con firmeza y sin desespero, puesta mi FE en ti mi Dios, que estás en control de lo físico y lo espiritual, y de todo lo que me rodea, terminaré triunfante por el sacrificio de Jesús en la cruz; así continuaré haciendo todo en paz y tranquilidad."

MIS PENSAMIENTOS:

_____
_____
_____
_____
_____
_____
_____
_____
_____
_____
_____
_____
_____
_____
_____
_____
_____
_____
_____
_____
_____
_____
_____
_____
_____

12

El Puente de Sabiduría y Gracia

"Tengo compasión de la gente, porque ya hace tres días que están conmigo, y no tienen qué comer; y comieron, y se saciaron; y recogieron de los pedazos que habían sobrado, siete canastas."

Marcos 8:2, 8

Gracias Señor porque cuando creía que mis problemas no tenían solución, tu poder y tu Espíritu Santo me inundó y recibí una unción que provocó que viera lo que no había visto antes. Y es que tenía ante mí todos los recursos intelectuales que me regalaste en abundancia, que no sólo resolverían mis asuntos, sino que tendría para empoderar y orientar a otros que estaban como yo en la calle sin salida, pero en la que encontré tu puente de sabiduría y gracia eterna, para ser utilizada por los que la necesitamos y por aquellos que luego la necesitarán. Entonces tu gloria será manifestada a través de mí para alumbrarles tu camino a todas las soluciones complicadas para nosotros, pero sencillas para ti.

MIS PENSAMIENTOS:

_____
_____
_____
_____
_____
_____
_____
_____
_____
_____
_____
_____
_____
_____
_____
_____
_____
_____
_____
_____
_____
_____
_____
_____
_____
_____
_____
_____

13

La Injusticia y el Orgullo

"Hijitos míos, estas cosas os escribo para que no pequéis; y si alguno hubiere pecado, abogado tenemos para con el Padre, a Jesucristo el justo. Os escribo a vosotros, padres, porque conocéis al que es desde el principio. Os escribo a vosotros, jóvenes, porque habéis vencido al maligno. Os escribo a vosotros, hijitos, porque habéis conocido al Padre. Si sabéis que él es justo, sabed también que todo el que hace justicia es nacido de él."

1 Juan 2:1, 13, 29

Gracias Señor por la vida que me has dado. A veces peco porque siento que no has sido justo conmigo, por las cosas que me ocurren en mi cuerpo, en mis relaciones tanto íntimas como familiares y de hermandad, y también en mis asuntos de comercio diario en mi trabajo.

A veces me culpo a mí mismo porque creo que es por mi culpa que me suceden tantas cosas. Lo cierto es que el enemigo de nuestras almas, "el diablo" se vale todo para enfermarnos la mente y hasta el cuerpo, y en la mente nos ataca por el orgullo, ese enemigo nos repite constantemente que nos merecemos eso que nos afecta en este momento, como falta de dinero, la casa, el carro, la comida, la enfermedad, problemas con clientes, el grupo social, o las organizaciones a las que pertenecemos.

Por eso caemos en el pecado del orgullo y decimos las cosas que 'no son, como si fueran', para crear una justificación ante los demás, lo cierto es que esa aparente "pamplina" (modo de actuar) es pecado, entonces vemos lo que nos dice la Biblia: que abogado tenemos y se llama JESUCRISTO, quien nos justificó de todo pecado y maldad, entonces ¿por qué no acudir a él?

Aprovechemos en este momento de intimidad, y solitos con él, hablémosle a Jesucristo, como abogado nuestro, para que saque de nosotros ese orgullo que nos hace pecar y que pongamos las cosas en sus manos, porque El hará dos cosas: 1. nos bendecirá absolviendo ese pecado de orgullo que nos taladra la mente y 2. Él se encargará con el padre Dios de alinear la solución de nuestras cargas, para que podamos discernir en nuestra mente y podamos reconocer el separar el bien del mal (como lo son las actuaciones que hacemos por orgullo), quedándonos con el bien y desechando las actitudes malignas que corrompen nuestra paz.

MIS PENSAMIENTOS:

_____
_____
_____
_____
_____
_____
_____
_____
_____

14

Buscando la perfección, No la velocidad

"Semejante es al hombre que al edificar una casa, cavó y ahondó y puso el fundamento sobre la roca; y cuando vino una inundación, el río dio con ímpetu contra aquella casa, pero no la pudo mover, porque estaba fundada sobre la roca. Mas el que oyó y no hizo, semejante es al hombre que edificó su casa sobre tierra, sin fundamento; contra la cual el río dio con ímpetu, y luego cayó, y fue grande la ruina de aquella casa."

S. Lucas 6:48-49

Oro Señor para que me des, sabiduría, fortaleza, inteligencia y una ruta a seguir para poder edificarme en salud, propósito y entendimiento. Cada día representa el comienzo de una nueva lucha y es como hacer el hueco para poner una columna de una marquesina, si tomo decisiones rápidas sin analizarlas y ejecuto la acción, cuando venga el primer inconveniente por pequeño que sea me abrumará al igual que hace una pequeña lluvia sobre una columna con poco fundamento, entonces no tan solo la columna se afecta sino toda la marquesina, que en mi caso sería todo alrededor de mí.

Hoy aplico lo que he aprendido de ti Señor, y me someto a tu voluntad porque lo que haré será según tu voluntad, y mi esfuerzo para hacer todo con la mayor dedicación para que salga igual a como tú lo harías, buscando la perfección, No la velocidad.

MIS PENSAMIENTOS:

_____

_____

_____

_____

_____

_____

_____

_____

_____

_____

_____

_____

_____

_____

_____

_____

_____

_____

_____

_____

_____

_____

_____

_____

_____

_____

_____

_____

_____

15
Mantenerme cerca de Ti

"Hijitos, vosotros sois de Dios, y los habéis vencido; porque mayor es el que está en vosotros, que el que está en el mundo. Ellos son del mundo; por eso hablan del mundo, y el mundo los oye. Nosotros somos de Dios; el que conoce a Dios, nos oye; el que no es de Dios, no nos oye. En esto conocemos el espíritu de verdad y el espíritu de error. Todo aquel que confiese que Jesús es el Hijo de Dios, Dios permanece en él, y él en Dios. En esto se ha perfeccionado el amor en nosotros, para que tengamos confianza en el día del juicio; pues como él es, así somos nosotros en este mundo."

1 Juan 4:4-6, 15, 17

Oramos: "Señor ayúdame a mantenerme cerca de ti y en ti, yo sé que si estoy en ti, tú estás en mí, por lo tanto venceré todo espíritu engañoso que se acerque con maldad, pero lo venceré, porque estando tú en mí lo identificaré inmediatamente, no importa cómo se presente, si en forma de una enfermedad, lujuria, inestabilidad en mis finanzas, avaricia, desánimo o desasosiego.

Tu presencia en mí hará que salgas en mi defensa y lo elimines, restaurando todo inmediatamente por medio de la FE y la esperanza. Tú estás en control de todo juicio aunque el mundo diga lo opuesto, o que el mundo nos impulse a pensar lo contrario.

Porque hoy comienzas a operar desde mi interior, y tu propósito se cumplirá en mí, y ellos caerán a tus pies, y yo como las águilas los veré desde la altura que tú me proporcionas, por medio de la sabiduría que vive en mis actuaciones.

MIS PENSAMIENTOS:

_____
_____
_____
_____
_____
_____
_____
_____
_____
_____
_____
_____
_____
_____
_____
_____
_____
_____
_____
_____
_____
_____
_____
_____

16

El Pensamiento controla el cerebro

"…Tenemos la mente de Cristo"

1 Corintios 2:16

Cerebro: Centro de control de todo el sistema nervioso y sede de la inteligencia. Se ocupa de las funciones cognitivas, emotivas y control de actividades vitales como los movimientos, el sueño, etcétera.

El pensamiento controla el cerebro: Un ejemplo simple: vestirse le toma tiempo porque percibe que no le entró bien, vuelve y se lo quita y se lo pone, se lo quita y se lo pone, hay veces que uno entra y se queda en un "loop" lazo o círculo repetitivo de acciones, la ansiedad que nos entra es brutal, creándonos angustia extrema. Es un "trastorno de sentido compulsivo". Si ve un cuadro virado, se obsesiona hasta enderezarlo. —Creo que lo tengo en cierto grado con ciertos asuntos en la oficina.

Entonces no permitas que tus pensamientos entren en repetición derrotista porque se apoderaran de tu cerebro y entrarás en un descenso en picada, tal como avión cargado de esperanza al que le apagan los motores.

Porque ese es el momento de Clamar a Dios para que el Espíritu Santo que mora en ti examine todo tu interior hasta delegar esa indecisión en Dios. Ante un asunto que amarra el pensamiento hay que preguntarse, ¿cómo lo haría Jesús? ¿Cómo actuaría Jesús? Una vez activamos el espíritu

Santo de Dios, comenzamos a adquirir la mente de Cristo y entrarán a nuestro pensamiento soluciones jamás imaginadas, porque nuestro cerebro cambio de subordinación carnal a espiritual. Entonces hemos adquirido la mente de Cristo.

MIS PENSAMIENTOS:

_____
_____
_____
_____
_____
_____
_____
_____
_____
_____
_____
_____
_____
_____
_____
_____
_____
_____
_____
_____
_____

17

Día en el Tribunal…

"Hermanos míos, tened por sumo gozo cuando os halléis en diversas pruebas, sabiendo que la prueba de vuestra fe produce paciencia. Mas tenga la paciencia su obra completa, para que seáis perfectos y cabales, sin que os falte cosa alguna."

Santiago 1:2-4

Te pido hoy Señor serenidad, que me llenes de sabiduría y que cada palabra que salga de mi boca sea de una verdad, tal que como espada de dos filos penetre el entendimiento de quien la recibe y que tu voluntad sea cumplida hoy a través mí.

MIS PENSAMIENTOS:

_____

_____

_____

_____

_____

_____

_____

_____

_____

_____

_____

_____

_____

_____

_____

_____

_____

_____

_____

_____

_____

_____

_____

_____

_____

_____

_____

_____

18

Fortalece mi Espíritu

"Porque el que Dios envió, las palabras de Dios habla; pues

Dios no da el Espíritu por medida."

S. Lucas 11:9-13; San Juan 3:34

Te doy gracias Señor por estar donde estoy en este momento. Te pido que mi situación sea cambiada totalmente y dirigida por ti y para tus propósitos, para que la gloria de Dios sea manifestada en toda acción, obra e intención que mi cuerpo realice, haga o sufra y por aquellas que mi mente 'dirija'.

Te pido, porque tu dijiste (pídeme y te daré en abundancia), que fortalezcas mi espíritu para combatir todo intento del enemigo para debilitar mi FE, y que yo pueda identificar todo espíritu contrario y antagónico que viene a atacarme, para reprenderlo y enviarlo a las pailas del mismo infierno, en el nombre de Jesús. Tú dijiste que pida, que todo aquel que pide recibe, tu palabra dice que das SIN MEDIDA, y yo quiero poder del Espíritu Santo, en abundancia.

MIS PENSAMIENTOS:

_____

_____

_____

_____

_____

_____

_____

_____

_____

_____

_____

_____

_____

_____

_____

_____

_____

_____

_____

_____

_____

_____

_____

_____

_____

_____

19

Firme en mi Convicción

"Yo soy la puerta; el que por mí entrare, será salvo; y
entrará, y saldrá, y hallará pastos."

San Juan 10:9

Es que Dios nos ha dado la libertad espiritual completa junto a su promesa de que cuando nos entregamos enteramente a Dios, seremos libres y prósperos en todo.

Oramos para que el Señor nos mantenga firmes en nuestras convicciones. Que no importa la prueba del momento, Dios está en control. Aunque a veces en momentos de duda desesperemos, la verdad es que cuando se actúa en espíritu y en verdad (similar a Jesús) la calma para enfocar una cosa a la vez, la tranquilidad para el descanso, y la seguridad del alma que la da el Espíritu Santo que mora en nosotros, es activada en nuestro cerebro.

MIS PENSAMIENTOS:

_____

_____

_____

_____

_____

_____

_____

_____

_____

_____

_____

_____

_____

_____

_____

_____

_____

_____

_____

_____

_____

_____

_____

_____

_____

_____

_____

_____

_____

20

Porque tú das la Calma…

"De modo que si alguno está en Cristo, nueva criatura es; las cosas viejas pasaron; he aquí todas son hechas nuevas."
2 Corinti os 5:17

Porque tú das la calma después de cada paso que damos guiados por ti.

Gracias Señor por todo lo que nos has dado, que no sacamos oportunidad para pensar en ello. Somos afortunados por tu gracia que día a día cae sobre nosotros. Gracias por todos los problemas que nos presenta la vida, que no son sino preparativos para aumentar nuestra madurez y nuestra sabiduría.

A todo tú le tienes solución; pero a tu tiempo, no al nuestro, nos enseñas que ese tiempo es parte del preparativo al crecimiento espiritual, que gobernará nuestro futuro por siempre, amén.

.

MIS PENSAMIENTOS:

21

¡Clama a mí y Yo te responderé¡

"Clama a mí y yo te responderé y te enseñaré cosas
grandes y ocultas que tú no conoces."

Jeremías 33:3

Hola mi Señor Dios, sé que estás ahí siempre para mí,
pero yo me olvido por instantes de ti. Tú eres mi guía, mi
protector y salvador. Pongo en ti todas mis cargas, porque
tú te harás cargo de llevarlas o eliminarlas.

Hoy te pido que tomes control de lo que me es
imposible hacer porque no puedo estar en todos los sitios a
la vez, pero tú si puedes. Tú sabes que *"no me duermo en las
pajas"* y hago lo que tengo que hacer, pero a veces pienso
que estoy derrotado. Pon cada minuto que transcurre en mi
cerebro el pensamiento de que tú estás en control y
recuérdame que tu omnipresencia lo ve todo y lo resuelve
todo, según tu plan y no el mío.

Por eso todas las veces surgen soluciones que me
sorprenden y es que tú estás en control total y haces cosas
que nos pulen y nos forjan como siervos tuyos, pero no
siempre entendemos.

MIS PENSAMIENTOS:

_____

_____

_____

_____

_____

_____

_____

_____

_____

_____

_____

_____

_____

_____

_____

_____

_____

_____

_____

_____

_____

_____

_____

_____

_____

_____

_____

_____

_____

_____

_____

22

Ejércitos de ángeles Protectores

"De lo profundo, oh Jehová, a ti clamo. Señor, oye mi voz;
Estén atentos tus oídos A la voz de mi súplica."

Salmos 130:1-2

Gracias Señor por todo lo que me das día a día y que no veo ni entiendo, pero siento que envías ejércitos de ángeles protectores. Doy testimonio que son tuyos para protegerme y mantenerme con entusiasmo en las tareas que me has enviado a hacer, para que tu nombre sea glorificado a través de mi testimonio.

Constantemente lucho por mejorar mi testimonio, porque veo tu mano entrar donde la mía apenas llega.

MIS PENSAMIENTOS:

_____

_____

_____

_____

_____

_____

_____

_____

_____

_____

_____

_____

_____

_____

_____

_____

_____

_____

_____

_____

_____

_____

_____

_____

_____

_____

_____

_____

23

Márcame la dirección de Hoy

"Hazme oír por la mañana tu misericordia, porque
en ti he confiado; hazme saber el camino por
donde ande, porque a ti he elevado mi alma."
Salmos 143:8

Oremos: "Hola Señor, márcame la dirección de hoy para que mis pasos produzcan avance hacia tu propósito, como lo hicisteis con tu hijo Jesucristo. Si algún tropiezo se presenta, acuérdame una de las tantas veces que en el pasado tu mano me sacó por medio de tu misericordia, de situación difícil para que yo refuerce mi FE en ti.

Líbrame de todo espíritu enemigo de mi alma que venga a través de los me rodean diariamente, o que esté en aquellos que no veo pero que me relaciono, ¡Identifícalo oh Dios! y sácalo del medio.

Porque con tan solo mencionar tu nombre y pedir tu presencia, mi alma se vivifica y entras como un refrigerio a mi cerebro que ocasiona una calma y seguridad que no puedo describir, porque así es tu protección la cual a veces olvido."

MIS PENSAMIENTOS:

_____

_____

_____

_____

_____

_____

_____

_____

_____

_____

_____

_____

_____

_____

_____

_____

_____

_____

_____

_____

_____

_____

_____

_____

_____

_____

_____

_____

_____

24

En mi Desesperanza...

"...Ni lo alto, ni lo profundo, ni ninguna otra cosa creada nos podrá separar del amor de Dios, que es en Cristo Jesús Señor nuestro." "Porque en esperanza fuimos salvos; pero la esperanza que se ve, no es esperanza; porque lo que alguno ve, ¿a qué esperarlo? Pero si esperamos lo que no vemos, con paciencia lo aguardamos."

Romanos 8:24-25-39

Hola Señor, hoy te presento todo lo que me has concedido, en gratitud al amor que has tenido conmigo.

Sigo obediente a tu Espíritu Santo y en la lucha con la carne que es la que constantemente me trata de empujar a realizar acciones para ver lo que quiero ver, de una forma que desperdicio esfuerzos; cuando la verdad es que en el momento que reconozca que el Espíritu Santo que has puesto en mí es el que intenta timonear mis acciones, para llegar donde veremos lo que el Espíritu nos ha revelado, entonces miraremos hacia atrás y comprenderemos que haciendo tu voluntad en nuestro diario vivir, produce la esperanza que tanto nos cuesta entender, por culpa de los impulsos de la carne (carne=lo que quiero ver con rapidez).

Por eso ayúdame a confiar y descansar en que una vez te presente mi aflicción, tú te encargarás de eliminarla, mientras yo te alabo y oro. Ayúdame a entender que mi trabajo es uno más suave y placentero que el tuyo, porque el tuyo es el que lleva por un camino milagroso la solución de mi aflicción.

Por eso en mi trabajo, te alabo Señor cada minuto de mi existencia y lucho por hacer todo según tu voluntad.

MIS PENSAMIENTOS:

_____

_____

_____

_____

_____

_____

_____

_____

_____

_____

_____

_____

_____

_____

_____

_____

_____

_____

_____

_____

_____

_____

_____

25

"Lo que me perturbaba murió"

"Yo confío respecto de vosotros en el Señor, que no
pensaréis de otro modo; mas el que os perturba llevará la
sentencia, quienquiera que sea."

Gálatas 5:10

Gracias Señor por ayudarme a obedecer tu verdad,
gracias por libertarme del yugo de la esclavitud a la cual el
mundo con sus acciones y recomendaciones me tenían
confundido. Olvidé de tu promesa que "tú te encargarás de
quien me confundía".

Oro porque se conviertan a ti, por eso no desperdiciaré
ni un segundo más en pensar en venganza, porque desde
que descubrí que tú Espíritu Santo mora en mí, mis
determinaciones y acciones han reformado mi
espiritualidad, convirtiéndome en una persona segura de
mis acciones diarias, porque te lo consulto todo cuando
estoy en la intimidad contigo y reconozco que este acceso
me lo has regalado '24/7', 24 horas los siete días de las
semana.

MIS PENSAMIENTOS:

_____

_____

_____

_____

_____

_____

_____

_____

_____

_____

_____

_____

_____

_____

_____

_____

_____

_____

_____

_____

_____

_____

_____

_____

_____

_____

_____

_____

_____

26

El Creador del mundo entero, No se fatiga ni se cansa

"¿No has sabido, no has oído que el Dios eterno es Jehová, el cual creó los confines de la tierra? No desfallece, ni se fatiga con cansancio, y su entendimiento no hay quien lo alcance.."

Isaías 40:28

Oh Señor, te presento hoy mi agenda del día. Tú Dios estás en primer lugar porque tu promesa nunca ha fallado, sólo dame la estámina para no desesperar porque sé que todo es a su tiempo.

Dame Señor la perseverancia para que el agotamiento no tenga lugar en mí. Confío en el cumplimiento efectivo de mis actos porque mi razonamiento es revelado por ti, ya que eres un Dios accesible '24/7' -24 horas los siete días de las semana. Por medio de tu hijo Jesucristo conoces de primera mano mi ser aquí en la tierra, porque mi alma y espíritu está entregado a ti. Tú estarás hoy al mando de mis decisiones, porque serán las tuyas a través de mí, para que tu gloria sea manifestada y otros vean que eres tú Señor el que comanda situaciones con soluciones inexplicables en mí.

MIS PENSAMIENTOS:

27

Antes de la reunión con el Jefe

Hija mía, te obsequio un ensayo mental de qué hacer antes de tener una reunión. Siempre se pone en oración toda palabra que uno dirá y cómo la dirá para que el Señor nos revele cualquier corrección antes y también durante la conversación que tengamos, pidiéndole que Él sea el que manifieste nuestro punto a través de nuestra boca.

De hecho, uno lleva un papelito con "highlights" (destacados) o puntos más relevantes que le recuerden a uno la secuencia, o más bien los temas que uno interesa discutir para que no se quede nada.

Recuerda que hay micro-detalles que desconocemos, sólo tú los conoces. Por lo tanto, lo que hacemos los humanos como asesores, es recomendar a base de hechos, percepción y deseos de dirección del que pide asesoría. Con esto lo que te quiero decir es que consideres la recomendación como un ejercicio y no como un mandato de hacer eso al pie de la letra.

Luego de presentárselo a Dios, Él te dará sabiduría e inteligencia para verbalizar con firmeza tu punto ante cualquiera, porque Dios constantemente renueva nuestra mente para que no sea contaminada con experiencias pasadas.

En general, podría decir que todos los trabajos son iguales, las condiciones sólo cambian cuando cambian los jefes. Me refiero al micro no al macro. Sólo hay que ser firmes en expresar nuestras opiniones documentadas, como tú lo has sabido hacer siempre en toda batalla técnica; aquí lo que cambia es que esta es tu batalla. Siempre teniendo en cuenta que Dios nos protege y más a las mamás que son las encargadas de la fase de manufactura del producto de Dios que son, Los Niños.

Te sugiero que leas esto, a manera de reflexión, un par de veces.

"Bendito el Dios y Padre de nuestro Señor Jesucristo, que según su grande misericordia nos hizo renacer para una esperanza viva, por la resurrección de Jesucristo de los muertos."

1 Pedro 1:3

MIS PENSAMIENTOS:

_____

_____

_____

_____

_____

_____

_____

28

En medio del Peligro

Dios nos habla directo a través del Salmo 91 en la Biblia, cuando nos informa sobre el uso de 'El Mismo' como nuestro Abrigo, Protector, como Castillo, como Habitación. A veces saca la plaga, otras veces cambia la morada, otras veces hace ambas cosas y otras veces quita piedras del camino, Él nos dice:

> "El que habita al abrigo del Altísimo morará bajo la sombra del Omnipotente. Diré yo a Jehová: Esperanza mía, y castillo mío; Mi Dios, en quien confiaré. …"

> "Porque has puesto a Jehová, que es mi esperanza, Al Altísimo por tu habitación, No te sobrevendrá mal, Ni plaga tocará tu morada. Pues a sus ángeles mandará acerca de ti, Que te guarden en todos tus caminos. En las manos te llevarán, Para que tu pie no tropiece en piedra..."

> "Me invocará, y yo le responderé; Con él estaré yo en la angustia; Lo libraré y le glorificaré. Lo saciaré de larga vida, Y le mostraré mi salvación."

Salmos 91:1-2, 9-12, 15-16

MIS PENSAMIENTOS:

Haz un listado aquí de todas las situaciones, personas, lugares llenos de personas, o simplemente un lugar, o viajes, transportación y todo aquello que entiendas que necesitas la protección de Dios todopoderoso en el presente y el futuro inmediato.

_____

_____

_____

_____

_____

_____

_____

_____

_____

_____

_____

_____

_____

_____

_____

_____

_____

_____

_____

_____

29

Mi Morada

¿Me pregunto, cuál es mi morada, qué es mi morada? ¿Me pregunto, cuál es mi morada, qué es mi morada?

¿Será mi hogar? ¿Será mi trabajo? ¿Será mi función social? ¿Serán los tres? Pues por si acaso no lo puedo definir, pongo las tres bajo el abrigo del Señor.

"El que habita al abrigo del Altísimo Morará bajo la sombra del Omnipotente. Diré yo a Jehová: Esperanza mía, y castillo mío; Mi Dios, en quien confiaré. ..."

"Porque has puesto a Jehová, que es mi esperanza, Al Altísimo por tu habitación, No te sobrevendrá mal, Ni plaga tocará tu morada. Pues a sus ángeles mandará acerca de ti, Que te guarden en todos tus caminos. En las manos te llevarán, Para que tu pie no tropiece en piedra ...."

"Me invocará, y yo le responderé; Con él estaré yo en la angustia; Lo libraré y le glorificaré. Lo saciaré de larga vida, Y le mostraré mi salvación."

Salmos 91:1-2, 9-12, 15-16

MIS PENSAMIENTOS:

_____

_____

_____

_____

_____

_____

_____

_____

_____

_____

_____

_____

_____

_____

_____

_____

_____

_____

_____

_____

_____

_____

_____

_____

_____

_____

_____

_____

_____

30

Libertad Espiritual

"Porque el Señor es el Espíritu; y donde está el Espíritu del Señor, allí hay libertad."

2 Corintios 3:17

Libertad espiritual significa, seguridad espiritual para con Dios, el Creador de todo. No hay nada que temer pues cuando actuamos conforme al Espíritu Santo de Dios que mora en nosotros, Dios está presente para protegernos y hacer lo inexplicable.

Por medio de Él se descubre lo insólito y eso nos convierte en portadores de su gloria ante otros, de tal manera que aquellos que piensan en sus próximos actos de rencillas o de confrontación, un día tal vez hasta se conviertan a Jesús, si son sensatos y entienden el verdadero significado de lo que es ¡Libertad!

MIS PENSAMIENTOS:

31

El Miedo

A la hora de dar un paso para tomar una decisión pequeña o grande el miedo amarra, detiene y paraliza. El miedo es una atadura, es un Lazo y como todo Lazo, tiene su vuelta a lo recto, busquémosla. El Señor nos lo recuerda claramente a través de la Biblia en el verso de hoy.

"El temor del hombre pondrá lazo; Mas el que confía en Jehová será exaltado."

Proverbios 29:25

MIS PENSAMIENTOS:

_____

_____

_____

_____

_____

_____

_____

_____

_____

_____

_____

_____

_____

_____

_____

_____

_____

_____

_____

_____

_____

_____

_____

_____

_____

_____

_____

_____

_____

_____

32.

Llamado a la Conciencia de los Gobernantes

Escrito está:

"Cuando los justos dominan, el pueblo se
alegra; Mas cuando domina el impío, el
pueblo gime."

"El rey con el juicio afirma la tierra;
Mas el que exige presentes la destruye"

"Los hombres escarnecedores ponen la ciudad en llamas;
Mas los sabios apartan la ira"

"Si un gobernante atiende la palabra mentirosa,
Todos sus servidores serán impíos"

"El siervo no se corrige con palabras;
Porque entiende, mas no hace caso."

"Muchos buscan el favor del príncipe;
Mas de Jehová viene el juicio de cada uno"

Proverbios 2 9:2, 4, 8, 12, 18, 26

MIS PENSAMIENTOS:

33

La Justicia de Dios

"Y el efecto de la justicia será paz; y la labor
de la justicia, reposo y seguridad para
siempre."

Isaías 32:17

Hoy el Señor nos exhorta a reflexionar y a valorar su presencia, a reforzar nuestra fe porque lo que se ve, no es, es lo que No se ve ni imaginamos. Y no nos pongamos a imaginar mucho, porque ese es el trabajo de Dios.

Justicia en la tierra es diferente a la Justicia Divina que proviene de Dios. La justicia en la tierra es débil porque depende de animosidades, prejuicios y conveniencias de los pecadores que la administran. Muchos jueces luchan contra sus propios prejuicios y hacen esfuerzos por desligarse de ataduras, son aquellos que buscan al Señor los únicos que son verdaderamente LIBRES.

A Dios no se le queda nada incompleto, por lo tanto cuando su Justicia Divina baja y se manifiesta en la tierra, de lo que se trata es que El hará lo que sea, si es necesario que tiemble la tierra, temblará; y sabremos que es Justicia de Dios cuando sintamos tranquilidad y dirección de espíritu. Escrito está.

MIS PENSAMIENTOS:

_____

_____

_____

_____

_____

_____

_____

_____

_____

_____

_____

_____

_____

_____

_____

_____

_____

_____

_____

_____

_____

_____

_____

_____

34

El Necio

"Las armas del tramposo son malas; trama intrigas inicuas para enredar a los simples con palabras mentirosas, y para hablar en juicio contra el pobre."
Isaías 32:7

Veremos a los necios enredarse en sus propias armas, sobre todo cuando abusan de las debilidades del pobre para satisfacer sus necedades disfrazadas de ternura, porque escrito está, el Señor Jesucristo es el que pone Justicia y lo hace a su tiempo. Esta palabra nos ilustra cómo es que se identifican los necios.

MIS PENSAMIENTOS:

_____

_____

_____

_____

_____

_____

_____

_____

_____

_____

_____

_____

_____

_____

_____

_____

_____

_____

_____

_____

_____

_____

_____

_____

_____

_____

_____

_____

_____

35

Mis Cargas

"Yo soy el Alfa y la Omega, principio y fin, dice el Señor, el que es y que era y que ha de venir, el Todopoderoso."
Apocalipsis 1:8

Hola Señor, hoy pongo mis cargas en tus manos, ¿por qué no te las comunico más a menudo? Me pregunto… ¿Si tus ojos atalayan la tierra, y conoces lo que nos aflige ¿por qué se me olvida eso? Pues hoy me lo recordaste leyendo tu palabra.

Pongo mis cargas en ti porque desde el comienzo hasta el final de esto que me aflige has estado ahí, sólo que no me he dado cuenta de tus movimientos. Tuyo es el poder para cortar de raíz mi aflicción. En tus manos las dejo, sólo muéstrame el camino una vez más para buscar más soluciones en ti.

MIS PENSAMIENTOS:

_____

_____

_____

_____

_____

_____

_____

_____

_____

_____

_____

_____

_____

_____

_____

_____

_____

_____

_____

_____

_____

_____

_____

_____

_____

_____

_____

_____

_____

_____

36

Acción de Gracias

"Orad sin cesar. Dad gracias en todo, porque ésta
es la voluntad de Dios para con vosotros en
Cristo Jesús. No apaguéis al Espíritu."

1 Tesalonicenses 5:17-19

Gracias Señor por todas las oportunidades que nos das a diario. Porque mi Fe en ti es la que fundamenta mi gran ánimo en el espíritu, al saber que estás en total control, aunque yo tiendo a olvidarlo en momentos.

Hoy te presento todos los asuntos que he de realizar durante el día, y si hay alguno que se me haga tormentoso al pensamiento para realizarlo, ese te lo ofrezco en gratitud por todo lo que me has dado, y que a veces olvido.

Porque tus promesas Señor son inigualables e inimaginables, así que no construiré mi pensamiento con mi deseo, sino con tu voluntad, que es de alto alcance y profundidad para los que como yo te aman, y ponemos toda nuestra confianza en ti Señor, porque sé que al someterme a ti Señor, tú lo harás todo.

MIS PENSAMIENTOS:

_____

_____

_____

_____

_____

_____

_____

_____

_____

_____

_____

_____

_____

_____

_____

_____

_____

_____

_____

_____

_____

_____

_____

_____

_____

_____

_____

_____

_____

_____

37

Gozo y Calma en medio de mi Prueba

"Hermanos míos, tened por sumo gozo cuando os halléis en diversas pruebas, sabiendo que la prueba de vuestra fe produce paciencia. Mas tenga la paciencia su obra completa, para que seáis perfectos y cabales, sin que os falte cosa alguna."

Santiago 1:2-4

Acompáñame hoy Señor en las pruebas que ya tengo en agenda y en aquellas que van surgiendo. Mantéenme bajo tu ABRIGO como lo has hecho siempre, más a veces no me doy cuenta, hasta que alguien me lo comenta.

Porque te prometo que hallaré gozo en todas las pruebas; no por mi carne, sino por la forma en que aumenta mi FE al creer y dar por seguro que tu Dios hoy estarás en control, sobre mí y todo lo que me rodea.

Porque tú me has dicho por tu palabra escrita, que mi FE aumentará mi paciencia, por lo tanto mi FOCO no podrá ser desviado por nada ni nadie, ya que es comandado por ti.

Esa PACIENCIA que tú me das, también me dará la astucia, NO como la de la serpiente que la uso para engañar, sino CONTRA la serpiente, que es la astucia que tu utilizaste y nos la regalaste para DESCUBRIR el ENGAÑO.

Por eso hoy Señor me siento más abrigado por ti que ayer, y declaro en el nombre de Jesús, que estoy en tu CALMA desde este momento.

MIS PENSAMIENTOS:

_____
_____
_____
_____
_____
_____
_____
_____
_____
_____
_____
_____
_____
_____
_____
_____
_____
_____
_____
_____

38

Gracias por las misericordias de Jehová

"Yo sé los planes que tengo para ustedes, planes
para su bienestar y no para su mal, a fin de darles
un futuro lleno de esperanza. Yo, el Señor, lo
afirmo. Entonces ustedes me invocarán, y vendrán
a mí en oración y yo los escucharé."

Jeremías 29:11-12 DHH

Gracias Señor porque me has puesto donde hay Sol,
Ríos, y Tierra que producen fruto. Hoy te presento mis
planes del día y te pido que refuerces mi dirección para
conseguir la realización de mis tareas. Porque mis planes
serán en sacrifico a tu bondad, pero los tuyos son regalos
de gracia para mí.

MIS PENSAMIENTOS:

Este es mi listado de planes que le estoy presentando al señor en este momento para que ponga delante de mí los recursos que guiarán mis pasos en la obtención de tareas conducentes a la finalización o modificación de cada plan.

_____

_____

_____

_____

_____

_____

_____

_____

_____

_____

_____

_____

_____

_____

_____

_____

_____

_____

_____

_____

_____

_____

39

Tu Palabra me Libra de todo miedo, y de todo mal

"Disputas necias de hombres corruptos de entendimiento y privados de la verdad, que toman la piedad como fuente de ganancia; apártate de los tales."

1 Timoteo 6:5

Gracias Señor por reforzar mi entendimiento cada día. No sabía, pero ahora sé de dónde provino mi fuerza para alejarme de lo contencioso. Tu palabra es clara, es tu promesa. El peor tramo ya lo pasé, hoy declaro mente nueva y productiva y declaro dirección exacta, porque no me voy a estar moviendo de lado a lado por miedo, se acabó eso ahora soy mente nueva, porque el Espíritu Santo del Señor mora en mí.

MIS PENSAMIENTOS:

_____

_____

_____

_____

_____

_____

_____

_____

_____

_____

_____

_____

_____

_____

_____

_____

_____

_____

_____

_____

_____

_____

_____

_____

_____

_____

_____

_____

_____

_____

40

"Cuando me enfurezco…"

"No os venguéis vosotros mismos, amados míos, sino dejad lugar a la ira de Dios; porque escrito está: Mía es la venganza, yo pagaré, dice el Señor."
Romanos 12:19

Señor, te entrego los asuntos diarios que tienen el efecto de enfurecerme y desviar mi atención del verdadero propósito por el cual tengo que trabajar. Eso que me perturba no puede consumir mi mente más de 30 segundos.

Tengo que evitar que mi ansiedad sea provocada, por lo que pasa por mi mente y se estanca en ella, como por ejemplo, ¿qué no hice? (pasado) o ¿qué debo hacer? (futuro), sino sustituirlo por lo que hago ahora en este instante, donde yo tengo el control total y no dependo de otra carne. Porque el asunto es con mi mente, y el Espíritu Santo que reconozco que mora en mí hará, si yo le permito operar. Cuando permito que esto ocurra (que el Espíritu Santo tome control de mi mente), me recompongo y mi mente se renueva; realizo una acción, escribo algo corto a alguien, separo en mi agenda unos minutos, me miro al espejo y busco la presencia del Señor en mí, y de seguro la encontraré.

Entonces como ya hice lo que me corresponde - ¡ahora! le entrego esa carga a Dios y oro en el nombre de Jesús, para que el Señor tome control total y yo sea liberado de esa tensión.

Ahora, declaro en el nombre de Jesús, que tengo una mente nueva, un espíritu fortalecido, porque trazo la dirección hacia mi meta principal, que es la paz y la sabiduría que proviene de lo alto cuando hago lo que tengo que hacer, y le dejo el resto al Señor, porque mi FE esta puesta en ti Señor, quien eres el único que conoce mi destino aquí en la Tierra, yo sólo obedezco tu AUTORIDAD.

MIS PENSAMIENTOS:

_____
_____
_____
_____
_____
_____
_____
_____
_____
_____
_____
_____
_____
_____

41

Gracias Señor por mi Hijo

Los niños son tesoro preciado de Dios y por eso el ángel de Jehová los acompaña, y ese acompañamiento lo concretizan su papá y mamá.

El niño mediante la gracia que le es puesta por Dios, se complace de la presencia de su Ángel, y cuando el espíritu del niño percibe confrontamiento, sobre todo contra su Madre, por otra persona, su espíritu reacciona y su reacción carnal se torna defensiva. Mientras eso ocurre el Ángel de Jehová se mantiene firme, en posición de guerra contra cualquier hueste que quiera robarle su gracia.

Porque en el vientre de su madre fue donde ocurrió el milagro que le dio vida y donde por largo tiempo se fue desarrollando poco a poco, según fue diseñado y designado por Dios. Es por esto que el Señor tiene especial ESCOLTA disponible para la madre de un pequeño siempre que ella la solicite. Si la solicita al Señor 24 horas, 24 horas la tendrá a cambio de su fidelidad al Señor nuestro Dios.

Por esto Hoy reclamo la Escolta de Jehová para mí como madre, y que el Ángel de Jehová acompañe a mi hijo siempre. Y si tengo asunto en el tribunal, en escuela, en el cuido, en el viaje, Dios enviará sus legiones de Ángeles protectores como Alguaciles de Corte a todo lugar donde nos encontremos, o donde se encuentre él y donde me encuentre yo.

Estoy firmemente convencida porque la Promesa que Dios me dice en la Biblia, es bien clara: "Porque yo Jehová soy amante del derecho, aborrecedor del latrocinio para holocausto; por tanto, afirmaré en verdad su obra, y haré con ellos pacto perpetuo."

Isaías 61:8

MIS PENSAMIENTOS:

_____

_____

_____

_____

_____

_____

_____

_____

_____

_____

_____

_____

_____

_____

_____

_____

_____

_____

¡Señor, pasa de mi este asunto Rápido…!

"…para que sometida a prueba vuestra fe, mucho más preciosa que el oro, el cual aunque perecedero se prueba con fuego, sea hallada en alabanza, gloria y honra cuando sea manifestado Jesucristo"
1 Pedro 1:7

En el camino de la FE pasaremos varias pruebas que pondrán en nuestro interior aflicciones. La Esperanza será puesta en duda. Ahora bien, nuestra FE puesta en Dios es como el oro, por lo tanto es necesario someterla, al igual que el oro, al fuego por un corto período para probar su legitimidad, y porque producirá un brillo inigualable una vez pasa por el fuego.

Así mismo será manifestada nuestra Esperanza en nuestro rostro, porque proviene del Espíritu Santo que mora en nuestro cuerpo.

Nuestra FE, que es más que el oro, tiene que ser probada con aflicciones porque el propósito de Dios con nosotros es deleitarse de sus hijos fieles y demostrarle a otros que sus siervos (nosotros) somos como soldados invencibles ante las adversidades que se nos presentan, porque somos fieles a él, porque somos portadores de la FE que por gracia nos fue dada por El.

Así que esta aflicción es pasajera y el enemigo la está utilizando para tratar de debilitar nuestra fe, pero para nosotros es una prueba más que como el oro pasaremos por un corto período de fuego, porque es parte del proceso de crecimiento espiritual que Dios nos tiene. Demostraremos al mundo que la FE mueve montañas, y la ESPERANZA cambia hasta escritos en papeles, aunque a veces no lo comprendamos de primera intención.

MIS PENSAMIENTOS:

_____
_____
_____
_____
_____
_____
_____
_____
_____
_____
_____
_____
_____
_____
_____
_____
_____
_____
_____

43

Riquezas, Honores y Vida

"Riquezas, honra y vida
Son la remuneración de la humildad y del temor de Jehová"

Proverbios 22:4

El Señor nos dice: hoy tienes una fortaleza imparable en tu espíritu porque haces las cosas con sentido común y honestidad bajo la ley de Dios, y eso yo tu Señor que lo premio porque has sido fiel a mí. Habrá vida en abundancia y más...

MIS PENSAMIENTOS:

44

Mi Guía y Dirección

"El que ama la instrucción ama la sabiduría; Mas el que aborrece la reprensión es ignorante."

Proverbios 12:1

Hoy te doy Gracias Señor por todas las personas que has puesto a mi alrededor que me instruyen, me aconsejan; entre ellos hasta desconocidos que tu envías, pues sus instrucciones son como si fueran las tuyas, tienen fuerza espiritual, temor a lo impropio, mucha FE y mucha ESPERANZA.

Envíame más de eso Señor, porque quiero prepararme aún más para cumplir tus objetivos en mí, y ser tu voz a los más necesitados que no tengan ese beneficio, al igual que yo obtuve ese beneficio.

MIS PENSAMIENTOS:

45

En el cuadrilátero de la Vida

"Honra es del hombre dejar la contienda;
Mas todo insensato se envolverá en ella. No digas: Yo me
vengaré; Espera a Jehová, y él te salvará. Abominación son
a Jehová las pesas falsas,
Y la balanza falsa no es buena."

Proverbios 20:3, 22, 23

Tanto en la antigüedad como hoy en día el hombre va al cuadrilátero "disque" a boxear por deporte. La realidad es que no es hasta que éste siente el primer golpe del oponente, que entra en su mente el deseo de venganza. En la antigüedad se utilizaban hierros en el interior del guante para dar un mal golpe a su oponente. Hoy día recurren a empujar con su cuerpo al oponente, a escupirlo, a hablarle soez, a darle golpes bajos o golpes por la espalda a traición.

El asunto es que quien pelea de frente tiene una esquina que observa todo del oponente; o sea que el que está combatiendo no ve cosas que su esquina ve. Por tanto, la esquina se agilizará en estrategias, y cuando el tramposo caiga, se descubrirá su maldad adentro de los guantes. Será muy tarde para que se arrepienta, pues muchas veces son irreversibles las recuperaciones de los tramposos.

Dios nos dice: Nunca tomemos venganzas

físicas....Seamos firmes en la batalla de frente con palabras verdaderas que serán como espada al tuétano del oponente.

MIS PENSAMIENTOS:

_____
_____
_____
_____
_____
_____
_____
_____
_____
_____
_____
_____
_____
_____
_____
_____
_____
_____
_____
_____
_____
_____
_____
_____
_____
_____

46

¿Cómo orar?

"Mas el que escudriña los corazones sabe cuál es la intención del Espíritu, porque conforme a la voluntad de Dios intercede por los santos."
Romanos 8:27

Señor, hoy te presento la siguiente petición que está en mi corazón; Yo (pronuncie o escriba su nombre), como (madre o padre) oro al Padre nuestro que estás en el cielo...(ora a Dios el Padre nuestro con mucha calma y concéntrate en cada frase). Esta oración nos fue dada para que sepamos cómo comunicarnos con nuestro Padre celestial.

El único Dios, padre de Jesucristo, que se presentó al mundo por medio de una mujer virgen llamada María, por medio del Espíritu Santo que mora en ti, te escuchará intercediendo para que cosas grandes veas y nunca te olvides de su Gloria...

El Padre Nuestro

[9] Vosotros, pues, oraréis así: Padre nuestro que estás en los cielos, santificado sea tu nombre. [10] Venga tu reino. Hágase tu voluntad, como en el cielo, así también en la tierra. [11] El pan nuestro de cada día, dánoslo hoy. [12] Y perdónanos nuestras deudas, como también nosotros perdonamos a nuestros deudores. [13] Y no nos metas en tentación, más líbranos del mal; porque tuyo es el reino, y el poder, y la gloria, por todos los siglos. Amén. [14] Porque si perdonáis a los

hombres sus ofensas, os perdonará también a vosotros
vuestro Padre celestial . Mateo 6 :9-14

MIS PENSAMIENTOS:

_____

_____

_____

_____

_____

_____

_____

_____

_____

_____

_____

_____

_____

_____

_____

_____

_____

_____

_____

_____

_____

_____

_____

47

Períodos de Pausa

"No ha desechado Dios a su pueblo, al cual desde antes conoció. ¿O no sabéis qué dice de Elías la Escritura, cómo invoca a Dios contra Israel, diciendo: Señor, a tus profetas han dado muerte, y tus altares han derribado; y sólo yo he quedado, y procuran matarme? Pero ¿qué le dice la divina respuesta? Me he reservado siete mil hombres, que no han doblado la rodilla delante de Baal. Así también aún en este tiempo ha quedado un remanente escogido por gracia."

1 Reyes 19:18; Romanos 11:2-5

A veces en medio de la lucha nos encontramos con períodos de tiempo donde todo parece indicar que nos hemos quedado solos, pero lo que no podemos imaginar es que por nuestra fe y esperanza en Dios todopoderoso, Él siempre está a nuestro lado, y estamos protegidos y defendidos aunque en el principio no lo veamos físicamente o de forma instantánea. Y es que Dios da gracia abundante a los que son fieles a Él.

Cuando Elías sintió que estaba solo, el Señor le envió una contestación divina de que no estaba solo, sino que todavía el Señor se había reservado 7 mil personas escogidas que apoyarían lo que le fue encomendado hacer a éste. Ya Dios se había ocupado de tener la reserva de fieles e intercesores.

MIS PENSAMIENTOS:

_____

_____

_____

_____

_____

_____

_____

_____

_____

_____

_____

_____

_____

_____

_____

_____

_____

_____

_____

_____

_____

_____

_____

_____

_____

_____

_____

48

Los Secretos y la Discreción

"La discreción te guardará; Te preservará la inteligencia, Para librarte del mal camino, De los hombres que hablan perversidades, Que dejan los caminos derechos, para andar por sendas tenebrosas…"

Proverbios 2:11-12-13

La comunicación entre dos personas permanece agradable, simpática y afectiva en la manera que no se amenazan con los secretos que se han confesado el uno al otro.

No hay mejor arma que la discreción, porque es dada por Dios y perfeccionada por el Espíritu Santo que mora en nosotros.

MIS PENSAMIENTOS:

_____

_____

_____

_____

_____

_____

_____

_____

_____

_____

_____

_____

_____

_____

_____

_____

_____

_____

_____

_____

_____

_____

_____

_____

_____

_____

_____

_____

_____

49

¿Contra quién es mi lucha?

"Porque no tenemos lucha contra sangre y carne,
sino contra principados, contra potestades, contra
los gobernadores de las tinieblas de este siglo,
contra huestes espirituales de maldad en las
regiones celestes."
Efesios 6:12

Oh Señor, aquí estoy ante tu presencia, clamo a ti Dios para que envíes el ejército de ángeles guerreros para que limpien los aires que rodean las transiciones que tú conoces. Saca del medio Señor todo obstáculo que perturbe mi paz y que interfiera con la inocencia de mi pequeño.

Yo veo una parte pero tú lo ves todo, ves los pensamientos de las mentes maliciosas que yo no veo. Señor eres el juez perfecto en quien único confió, por eso te entrego mi carga desde ahora, la cual sé que removerás cuando menos lo espere. Ahora recibo nuevas fuerzas y tu Espíritu Santo me traerá nuevas estrategias espirituales para derribar esta pequeña y débil circunstancia que cada vez me perturba menos, gracias a tu fortaleza.

MIS PENSAMIENTOS:

_____

_____

_____

_____

_____

_____

_____

_____

_____

_____

_____

_____

_____

_____

_____

_____

_____

_____

_____

_____

_____

_____

_____

_____

_____

_____

_____

_____

_____

_____

50

¡Resiste! No desmayes

"Porque la ira de Dios se revela desde el cielo contra toda impiedad e injusticia de los hombres que detienen con injusticia la verdad;"
Romanos 1:18

No desmayes cuando sientas que tu caminar ha sido estorbado y sientas que tus obras, tus buenas acciones, tu ayuda a otros más necesitados, tu llamado, tu propósito de vida, estén todo paralizado.

Lo que pasa es que muchas veces deseamos estar en varios sitios a la vez y en diversas obras a la vez, entonces el enemigo se aprovecha y nos bloquea el pensamiento, pero como Dios es todo poderoso, nos revela que ese bloqueo de pensamiento no deseado lo utilicemos para discernir en qué somos más diestros para que no desperdiciemos energías ni tiempo, y ocupemos un lugar de máxima eficiencia para ejecutar el llamado.

En cuanto a los obstáculos terrenales, oremos para que venga misericordia y se conviertan a Cristo aquellos que bloquean la verdad con injusticia enmascarada en justicia.

MIS PENSAMIENTOS:

_____

_____

_____

_____

_____

_____

_____

_____

_____

_____

_____

_____

_____

_____

_____

_____

_____

_____

_____

_____

_____

_____

_____

_____

_____

_____

51

Velocidad vs. Firmeza

"Más la misericordia de Jehová es desde la eternidad y hasta
la eternidad sobre los que le temen, Y su justicia sobre los
hijos de los hijos; Sobre los que guardan su pacto, Y los que
se acuerdan de sus mandamientos para ponerlos por obra."
Salmos 103:17-18

Hoy Señor te pido que me des calma para asimilar
todos los procesos que transcurren simultáneos en mí.
Porque ahora no entiendo debido a que mi deseo es
velocidad, pero el tuyo es firmeza duradera para siempre.

Tu misericordia es entendida después de todo evento.
No permitas que ninguna situación pasajera se convierta en
raíz de amargura. Revélame Señor lo antes posible tus
señales direccionales. Reconozco que tu misericordia es
eterna y que a veces es un tramo del proceso para fortalecer
el propósito que tienes conmigo.

Gracias Señor porque cuando miro hacia atrás es que
me doy cuenta lo poderosa que es tu misericordia. Hoy te
entrego los que hoy se llaman mis enemigos (los que una
vez fueron mis amigos), para que los conviertas a ti y
declaro que ninguna amargura durará en mí más de un
segundo.

MIS PENSAMIENTOS:

_____

_____

_____

_____

_____

_____

_____

_____

_____

_____

_____

_____

_____

_____

_____

_____

_____

_____

_____

_____

_____

_____

_____

_____

_____

_____

_____

_____

_____

52

La **FE siempre firme**

"...revestíos de humildad; porque: Dios resiste
a los soberbios, Y da gracia a los humildes."
1 Pedro 5:5

Este verso bíblico es un refuerzo para mantener
nuestra FE firme en momentos de prueba.

La Fe es activada por el combustible mejor elaborado
por Dios en el interior del ser humano, La Humildad.

La humildad hace que nuestro espíritu Arda y genere
energía, también quema agravantes.

MIS PENSAMIENTOS:

_____

_____

_____

_____

_____

_____

_____

_____

_____

_____

_____

_____

_____

_____

_____

_____

_____

_____

_____

_____

_____

_____

_____

_____

_____

_____

Junta Editorial

"Hoy atesoro en mi corazón este libro, donde presenta situaciones de familia, de experiencias dolorosas que fueron depositadas en Jesucristo, teniendo como resultado una experiencia de superación y perseverancia. ¡Dios hace la Diferencia!"
—Héctor Aníbal Méndez Navarro, Pianista, Arreglista, Adorador y Maestro, Puerto Rico

"Amado lector, este libro nos ayuda a autoevaluarnos cuando tengamos situaciones difíciles con nuestros hijos, para que los lleven ante la presencia de Dios."
—Josie Flores, Predicador, Puerto Rico

Al leer este libro aprendemos cómo un hombre inspirado por el Espíritu Santo de Dios guía a sus amados hijos a la distancia, en medio de una gran prueba por medio de la oración. Espero que nos sigamos nutriendo de sus experiencias. Autor, siga hacia adelante, le espera ¡Victoria!
—Melissa Colón Nevárez, Misionera, Puerto Rico

Amado lector, admiro mucho como el autor exalta a Dios en medio de su desierto. Comparte su fe con nosotros de que no hay límites para Dios. La mirada puesta siempre en Jesucristo. Dios te bendiga autor, Dios ha hecho una maravillosa obra en ti. Haz echo la mejor decisión en tu vida, deleitándote con las promesas de Dios para nuestras vidas. Confiando siempre en el Señor que es quien conoce nuestra mente y corazón, pero sabe lo que es mejor para nosotros.
—Shary A. García Crespo, Puerto Rico

Amado lector, te exhorto cuando comiences a leer este devocional, si estás pasando por lo mismo, Dios estará dándote fuerzas, en medio de la adversidad, y sólo confía que Dios lo hará. Que Dios bendiga al autor de este devocional que en medio de su prueba y situación, se aferró a nuestro Señor Jesucristo y pasó toda su confianza en Dios, en medio de su desierto.

—Mitza Ileana Santana Cruz, Adoradora, Puerto Rico.

En este libro vemos como en medio de un desierto, un padre intercede por sus hijos buscando fortaleza y refugio en el Señor, ilustrando al lector a mantener sus ojos en Dios en medio de la adversidad.

—Karey Robles, Junta Editorial, Puerto Rico

ACERCA DEL AUTOR

El autor es Ingeniero de profesión y capellán ordenado. Reside en Puerto Rico, con su esposa Lcda. Ivette M. Montes-Lebrón, y tiene dos hijos y un nieto.

***

El Patriarca Publishing
elpatriarcapublishing@gmail.com
P.O. Box 1257, Luquillo, PR 00773

Made in the USA
Columbia, SC
23 November 2020